Virginia Fernández Collado

DESIERTO

INSTITUTO DE ESTUDIOS ALMERIENSES

Colección letras. Núm. 146

Desierto

© Textos: Virgnia Fernández Collado

© Edición: Diputación de Almería.
Área de Cultura, Cine e Identidad Almeriense.
Instituto de Estudios Almerienses.
www.iealmerienses.es

ISBN: 978-84-8108-774-1

Dep. Legal: AL 4196-2024

Primera edición: 2023

Diseño y maquetación: César Vaquero - SumiGraf

Imprime: Ediciones MIC

Impreso en España

A mi familia

Índice

Introducción

El presente libro es un diario poético que se escribió entre el 25 de octubre de 2019 a 23 de enero de 2021. Son quince meses de escritura y sesenta y dos poemas. Ocurrencias que se fueron apuntando en hojas sueltas. La voz es en primera persona. Se crea un diálogo con la naturaleza y con el amado. El rango de fechas de este diario poético incluye, como habrá notado el lector, el confinamiento y la pandemia. Recuérdese que fuimos confinados el 14 de marzo de 2020 hasta el 21 de junio de 2020. Fueron en total cien días ó 3 meses y 8 días, por lo que se paró la rutina y el trabajo presencial. Hui a mi pueblo, llevada como hoja seca hacia allí. Mi confinamiento fue en un entorno rural por lo que la naturaleza está muy presente en el poemario. No obstante, en general ésta cruza toda la obra poética, pues el rango de fechas abarca más meses que el confinamiento. Los poemas fueron escritos en las fechas que aparecen en el índice, por lo que no se trata simplemente de un título, sino que es la fecha real de la composición. Notará el lector el carácter íntimo y personalista del poemario, que no es otra cosa que, los sentimientos del autor, que va plasmando como se le ocurren, y caen al papel como los días pasan o caen las hojas de otoño.

Virginia Fernández Collado.

Prefacio

Domingo, noviembre 15, 2020

*Todo el azul del cielo
contenido en el cuaderno,
en el poema.*

El 25 de octubre de 2019 éramos afortunados y no sabíamos hasta qué punto, teniendo en cuenta lo que nos vendría pocos meses después. En esa fecha comienza su andadura este hermosísimo libro que tiene una estructura de diario poético. La autora ya había trabajado anteriormente siguiendo este formato, preciso y a la vez abierto, de escritura en su monumental libro *Poemas 2006-2016* (2017), pero, lejos de ser una fórmula, debemos tomar esta estructura como un aspecto esencial de su labor poética: Virginia parte de una experiencia vital, a veces tan solo un atisbo sensorial, para llegar al verso pleno de sus poemas. El mundo encierra incontables bellezas y Virginia las atesora en sus versos. Pero hay un poema que es ya un aviso, una intuición o un pálpito

Sábado, noviembre 2, 2019

*En la calma de la noche
también hay vendavales.*

Vivimos inmersos en nuestros rituales cotidianos, quehaceres impuestos por la vida familiar, por la sociedad o por el necesario trabajo como supervivencia y de pronto un 13 de marzo de 2020 estalla el vendaval: el mundo vive una pandemia que tendrá graves consecuencias, una de ellas es que debemos evitar en lo posible el contacto físico con otras personas y reducir la movilidad al espacio justo de nuestras viviendas. Virginia opta por pasar estos largos meses en la casa familiar de su pueblo, en Bédar.

Aparentemente no hay discontinuidad en el proceso creativo pero la fechas no nos engañan, el poema fechado el 14 de marzo de 2020 nos da la clave de una nueva etapa en el diario

En esta cárcel impuesta,
un poema:
Tú y la noche.

A partir de aquí vamos a encontrar alusiones a esa cárcel impuesta, casi mística, que va a convertir el goce de interactuar con la naturaleza y las personas en una especie de evocación del mundo perdido. En ese momento, los pétalos, los árboles, la nieve o la arena son evocación de un deseo no alcanzado de vivir en el mundo natural, lejos de ese mundo artificial que nos ha llevado tantas veces al borde del desastre. La vida podría convertirse en un desierto al que tenemos la obligación de atender

Porque es necesario
dejar hablar al desierto,
a su vastedad infinita
y sus flores blancas.

Para transmitir ese equilibrio en un mundo desequili-
brado en que las noticias se suceden vertiginosas y nos
preguntamos una y otra vez qué pasará, Virginia hace
una exhibición de belleza concentrada, podando aquí y
allá todo exceso de retoricismo, como un jardín acota-
do. Para este reto formal acude a modelos líricos de la
poesía oriental que tanto ha frecuentado e incluso tra-
ducido. Formas como el haiku y el tanka tienen simili-
tudes con ese mundo en miniatura que intenta reflejar.
Veamos como ejemplo, entre otros, este poema que es
prácticamente un haiku

Las zarzas adornan la puerta
y un grillo entra en la bañera.
Casa de montaña.

O este otro

En la noche de fin de año
no hay grillos en las ventanas.
Sopla el viento.

También acude a otro modelo de estilo breve: el que le
aportan los tebrae de África Occidental (región de Mali).
Poemas de dos versos propios de la tradición oral de la

zona, versos de tema amoroso que han sido acrecentados y transmitidos por las mujeres del Sáhara. De este modo la poesía que vamos a encontrar en este libro es concisa, sutil, virtuosa en su brevedad, una lírica que dice apenas la emoción y esconde todo el proceso que lleva a esa emoción, poesía visual y de los sentidos, un poema como un pequeño cuadro pintando pincelada a pincelada en una lámina de bambú.

Escuchar a la naturaleza en momentos críticos es esencial: *En lo natural soy yo misma*, se nos dice.

El otro eje temático es la figura del amado que recorre como una sombra todo el libro. Se canta la naturaleza para compartirla, para ofrendarla al amado. Este aparece de un modo discontinuo, desdibujado, apenas hay datos que lo definan y lo identifiquen, aunque, gracias al formato de diario, se revelan algunas cosas

Domingo, marzo 15, 2020

Hoy es el cumpleaños de mi amor;
la flor del almendro ya lo había anunciado.

Viene a cerrarse así el círculo místico tal como nos lo enseña la tradición lírica española desde el Siglo de Oro: naturaleza como espejo del amado. Y como en esta tradición apenas llegan las palabras para definir tan hermosa dicha, la de encontrar el reflejo del amado en todas las bellezas del mundo natural, por eso se recurre a un silencio preñado de significaciones

Viernes, diciembre 20, 2019

Se miraban en silencio,
pero no un silencio sordo:
un silencio en el que todo
está por escuchar.

Así pues, leer este libro es experimentar casi mística-mente todas las emociones encerradas en un jardín como metáfora del mundo y de la vida acompañados por la persona amada. Una poesía que se lee y se percibe con la frescura de un copo de nieve y el calor de la arena del desierto.

Dormimos toda la noche
y al despertar no fuimos hacia el desierto
pues estaba en nuestros corazones.

Francisco Vargas Fernández
Noviembre, 2024

DESIERTO

1. Viernes, octubre 25, 2019

Hiroshima mon amour. Variación

Hiroshima se ha llenado de flores. Lo sé todo. No sabes nada. Sin embargo, todo sigue. El ser humano no es inmortal. Pero todo continúa. La lluvia da miedo. Una ciudad entera será arrancada otra vez de la tierra y caerá llena de cenizas. Todos muertos. Lo sé todo. No, tú no sabes nada. Las flores vuelven a nacer. El agua es fresca; sin embargo, es venenosa ¿Qué son las estaciones? Ya nadie mira la subida de la marea. Ya nadie mira un amanecer. Todo se llena de miedo. Lo sé todo. No, tú no sabes nada. Yo conozco el olvido. No, tú no lo conoces. He luchado contra el olvido y he olvidado ¿Quién eres? ¿Existe el amor? Existe la alegría. La lentitud y la dulzura pueden aún inundar un corazón, mi corazón. Tengo la memoria llena de sombras y de piedras ¿Por qué recordar? He olvidado. Yo lo sé todo. No, tú no sabes nada. ¿Por qué negar la evidente necesidad de la memoria? ¿Por qué vienes a esta noche y a esta ciudad? La voz suave del amanecer se escucha y es apacible. Hiroshima se ha llenado de flores.

2. Sábado, octubre 26, 2019

Todo es un lento pasar
de las horas
como hileras de hormigas,
como copos de nieve que caen.

3. Sábado, octubre 26, 2019

Me gusta el tiempo de otoño,
la caída lenta de las hojas
y las lágrimas
que van hacia el invierno.

4. Sábado, noviembre 2, 2019

En la calma de la noche
también hay vendavales.

5. Sábado, noviembre 2, 2019

Serenidad,
contemplo la caída de las hojas.

6. Jueves, noviembre 21, 2019

Porque es necesario
dejar hablar al desierto,
a su vastedad infinita
y sus flores blancas.
Es imprescindible
callar,
apreciar lo que nos dice
el silencio.
Por fin llega la noche,
por fin los párpados
se cierran.

7. Martes, noviembre 26, 2019

No digas que no avisé de la llegada del invierno;
los campos floridos están bajo la escarcha.
Pero llegarán otra vez las cigarras
y las libélulas
se posarán en tus labios
para beber agua.

8. Sábado, diciembre 14, 2019

Desierto, noche.
¿Hacia dónde iré yo?

9. Viernes, diciembre 20, 2019

Se miraban en silencio,
pero no un silencio sordo:
un silencio en el que todo
está por escuchar.

10. Domingo, diciembre 22, 2019

Duermo, y al despertar
siento la tibieza del sol
en los labios.

11. Viernes, diciembre 27, 2019

La historia de esta flor del desierto
no es tan triste:
sus pétalos empezaron a caer
y se secó.
Aunque ella nunca lo recordará.

12. Sábado, enero 4, 2020

Profesión:
leer los pétalos de las flores.

13. Miércoles, febrero 19, 2020

Vivo en una pequeña
ciudad africana;
mi casa es
este crespúsculo anaranjado.

14. Sábado, marzo 14, 2020

En esta cárcel impuesta,
un poema:
Tú y la noche.

15. Domingo, marzo 15, 2020

Hoy es el cumpleaños de mi amor;
la flor del almendro ya lo había anunciado.

16. Lunes, marzo 16, 2020

¿Quién cantará a la belleza de los fósiles
cuando no estemos?
¿Quién los recordará?
Peces, moluscos,
pequeños insectos
quedarán impresos en la roca,
olvidados.

17. Miércoles, marzo 18, 2020

No vengas hacia aquí
imperceptible
como la lluvia.
El pájaro remonta el vuelo
y cae el grano de trigo
a los caminos del mundo.
Aléjate
como la gota del rocío
que se evapora.

18. Miércoles, marzo 18, 2020

Iré por los senderos
hacia la primavera.
Mi paso alegre
caminará hacia otros bosques
y pisará fuerte
las huellas de otros hombres.
Iré por los caminos
hacia la nieve,
iré por donde
la mariposa va.

19. Viernes, marzo 20, 2020

Hoy oficialmente a las 4.50
empezará la primavera.
Durará exactamente,
según los meteorólogos,
92 días y 18 horas.
Las hojas del almendro
ya lo habían anunciado.

20. Sábado, marzo 21, 2020

Caminé por las mañanas blancas
de esta isla
en la que no se quiebran las ramas
por el peso de los frutos.
En la isla
permaneceremos
no sabemos por cuánto tiempo.

21. Domingo, marzo 22, 2020

Hoy es una mañana blanca,
todo desde la ventana lo es:
el mar a lo lejos inapreciable,
las montañas a mi alrededor
cubiertas por la neblina singular
de esta mañana de primavera.
Solo recuerdo
las habitaciones blancas
donde dormimos.
Un gorrión se posa en la ventana
y una lombriz pasea por el pasto.
¿Será esto la felicidad?

22. Domingo, marzo 22, 2020

En una pradera cubierta de amapolas
vive el mar infinito
en una concha de mar.
El tiempo es lo único finito.

23. Martes, marzo 24, 2020

Sigue lloviendo.
Los pájaros aletean
en la tarde de frío.

24. Domingo, marzo 29, 2020

La primavera asoma la cabeza
tímida entre los rayos de sol.
Un pajarillo canta.

25. Viernes, mayo 22, 2020

La naturaleza no conoce el bien ni el mal.
El árbol me mira impasible.

26. Viernes, mayo 22, 2020

La tarde es de color amarillo
y siempre trae una dulce esperanza.

27. Domingo, mayo 24, 2020

Desde hace miles de años
caen lágrimas del cielo.
Aún caen sobre las flores
de este desierto.

28. Domingo, mayo 24, 2020

Salvo ese manto de hojas de otoño
bajo los árboles
no hay nadie en las calles.

29. Miércoles, junio 3, 2020

Llega la primavera
al ritmo de una flor que nace.
Bajan los ríos cantando,
danzan las aves
la danza del amor.
Un cuerpo se acerca a otro cuerpo.

30. Jueves, junio 4, 2020

Pequeñas florecillas tiemblan con el viento.
Están llenos los valles de ramas y ríos,
inundan los amarillos el campo.
Me parece todo inmenso
y una dicha grande
como la superficie del mundo
me embarga.

31. Domingo, junio 14, 2020

Dejo aquí
como muestra de amor
por los campos de mi infancia,
una lavanda.

32. Miércoles, julio 08, 2020

Un día florecieron las hojas
de este árbol,
el sol se cernía
sobre la colina,
volaron las mariposas
y nos tomamos de la mano.
Esos detalles sin importancia
me hicieron feliz.

33. Viernes, julio 24, 2020

Las zarzas adornan la puerta
y un grillo entra en la bañera.
Casa de montaña.

34. Viernes, julio 24, 2020

Por las noches
hay un silencio absoluto,
salvo el grillo que se posa
bajo mi ventana.

35. Viernes, julio 24, 2020

Entre las montañas
cae la tarde,
son amarillos los rayos de sol.
¿Volverá alguna vez la nieve?

36. Sábado, julio 25, 2020

Casi a la hora de ir a dormir
escuché el canto del cuco.
Parecía llamar a alguien,
su canto se repetía
siempre con la misma frecuencia.
Estuve escuchando con atención
hasta que de repente
dejó de cantar.
Fue, sin duda, esa noche
mi canción de cuna.

37. Viernes, agosto 21, 2020

Me gusta la sombra del algarrobo;
en verano es un manantial.

38. Jueves, septiembre 3, 2020

Un día de septiembre
las colinas me preguntaron
por los colores del amanecer.
Yo contesté:
se fueron con el viento
que trajo la mañana.

39. Martes, septiembre 14, 2020

El jardín
esconde una abeja
y un arce de color rojo.
Aquí la nieve y la primavera
siempre vuelven.

40. Sábado, octubre 3, 2020

Cuando Emily habla de los bosques
o de las margaritas
o de las abejas,
su voz se torna dulce
como el néctar de la flor
Vienen abejas,
nacen violetas
en su melancólica voz.

41. Lunes, noviembre 9, 2020

Cuando la tarde empieza a caer
me gusta estar resguardada;
tras las ventanas
contemplo
el caer de las hojas.
Todo es un lento pasar de las horas
en una quietud
inexplicable.

42. Martes, noviembre 10, 2020

La entrega nunca es absoluta:
a nadie pertenece el rayo de sol
ni el pétalo de la flor.

43. Domingo, noviembre 15, 2020

Todo el azul del cielo
contenido en el cuaderno,
en el poema.

44. Domingo, noviembre 15, 2020

Mi casa está
en un prado verde,
con alguna amapola
perdida sobre el verdor.

45. Domingo, noviembre 15, 2020

En lo natural soy yo misma:
fluyo como un río
en su caudal,
como un pececillo que se deja
llevar corriente abajo,
como la hoja que cae del árbol,
como la tarde que lentamente se va.

46. Lunes, noviembre 16, 2020

¿Qué aprendiste hoy?
A leer los pétalos de las flores.

47. Sábado, diciembre 5, 2020

Pertenezco a la noche,
díganme, ¿pasó por aquí?
Busco el crepúsculo que se acerca
lentamente al desierto
y a su profunda soledad.

48. Lunes, diciembre 28, 2020

Sopla el viento detrás de las ventanas.
Mi amado contempla el infinito.

49. Jueves, diciembre 31, 2020

En la noche de fin de año
no hay grillos en las ventanas.
Sopla el viento.

50. Viernes, enero 1, 2021

En los fríos días de enero
un pajarillo cruza por el cielo.

51. Martes, enero 12, 2021

En la delicadeza de la tarde
hago un singular tratado
de belleza:
Un pétalo que cae,
el fresco de la mañana,
un jardín en el que descansar,
el sol apacible de invierno,
una siesta con sábanas limpias
y la nieve.
Todavía quedan instantes
con los que emocionarse.

52. Viernes, enero 15, 2021

Te voy a llevar a través de este viaje
por estepas nevadas que nunca viste,
no sentirás el frío en los labios
pues un calor fraternal te envolverá.
Vas a conocer el paisaje de prados llenos de
amapolas,
el amanecer estará envuelto con colores suaves,
bailaremos en la nieve
como danzan las libélulas,
cada vez que el día visite tu lecho
volverás a nacer.
No hay olvido, recuerda
porque no hay ayer:
lo que ves es lo único que existe.
Te voy a llevar a través del sueño
a las profundidades
que nunca hayas imaginado.
Ven.

53. Viernes, enero 15, 2021

Soñé flores de los colores del amanecer
en un prado vestido de amarillo.
Las campanillas silvestres reían
y le hacían cosquillas al viento.
Una noche profunda cayó sobre el mundo
y todo se volvió oscuro.
Cada día nace y muere según su naturaleza.
Aunque queramos
no podemos cambiar el rumbo de los rayos de sol.

❧

54. Sábado, enero 16, 2021

Se me llenó el pelo de escarcha
y parecía haberse vuelto blanco.
Unas gotas de lluvia empezaron a caer
sobre las hojas secas:
era un sonido plácido;
sentía cómo caía el agua-nieve sobre mis hombros
pero no sentía frío,
solo una tibieza cálida.
Empezó a oscurecer
y de repente no encontré el camino a casa
y deambulaba por senderos interminables
entre robles y eucaliptos
que llevaban a la profundidad del lugar.
Entonces un batir de alas
me despertó del sueño.

55. Lunes, enero 18, 2021

En un éxtasis dormí toda la eternidad
y no encuentro el camino a casa
como un pájaro que vaga y vaga buscando su
nido.
En la fría mañana de enero
salgo como un fantasma;
las calles están vacías
y hacen resonar mis pasos
que se encaminan hacia allá,
hacia el lugar que no se nombra.
Voy hacia la nieve
una vez más.

56. Lunes, enero 18, 2021

Tengo una cita con las hojas de los robles
y ando
hacia la caricia de la mañana
pálida como este sol.

57. Lunes, enero 18, 2021

Escucha,
los ángeles vienen.
En las paredes resuenan sus cantos
como pajarillos juguetones
entre la niebla.

58. Lunes, enero 18, 2021

¿Has visto alguna vez
el amanecer silencioso?
Escucha,
los árboles tiemblan con el viento
cuando amanece y todo se abre
para dar la bienvenida al día.

59. Lunes, enero 18, 2021

Un instante
y después la nada.
Soy el vacío
y avanzo hacia ti.
Si te llenas de vacío
nada contendrás:
el que nada contiene
es libre.

60. Lunes, enero 18, 2021

Pon tus manos sobre las mías
y después el viento nos llevará,
el viento nos llevará
a la ciudad de puertas abiertas
de la que te hablé.
Dormimos toda la noche
y al despertar no fuimos hacia el desierto
pues estaba en nuestros corazones.

A modo de Epílogo

Carmen Mejía Ruiz
Instituto de investigaciones Feministas
Universidad Complutense de Madrid

Con la lectura del poemario *Desierto* de Virginia Fernández Collado percibimos la sensación de desorientación, de búsqueda, de aproximación a lo rural donde predomina el encuentro con la naturaleza en todas sus vertientes. El yo poético en femenino se enfrenta cotidianamente con la búsqueda del lugar de los sueños, del espacio imaginado que intenta encontrar en la naturaleza, en las amapolas, en los pájaros, en el mar. Sirva como representación de lo expresado este poema:

Mi casa está
en un prado verde,
con alguna amapola
perdida sobre el verdor.

De esta manera, el yo poético nos anima a valorar el entorno natural que nos rodea y que, en múltiples ocasiones, ignoramos. Bienvenido este poemario lleno de luz y belleza.